BEI GRIN MACHT SICH IHR WISSEN BEZAHLT

AF143678

- Wir veröffentlichen Ihre Hausarbeit,
  Bachelor- und Masterarbeit

- Ihr eigenes eBook und Buch -
  weltweit in allen wichtigen Shops

- Verdienen Sie an jedem Verkauf

**Jetzt bei www.GRIN.com hochladen
und kostenlos publizieren**

Marina Schauer

Die völva und ihre Bedeutung in der Völuspá

GRIN Verlag

Bibliografische Information der Deutschen Nationalbibliothek:

Die Deutsche Bibliothek verzeichnet diese Publikation in der Deutschen National-
bibliografie; detaillierte bibliografische Daten sind im Internet über http://dnb.d-
nb.de/ abrufbar.

Impressum:

Copyright © 2011 GRIN Verlag GmbH
Druck und Bindung: Books on Demand GmbH, Norderstedt Germany
ISBN: 978-3-656-37189-2

Dieses Buch bei GRIN:

http://www.grin.com/de/e-book/209236/die-voelva-und-ihre-bedeutung-in-der-
voeluspa

GRIN - Your knowledge has value

Der GRIN Verlag publiziert seit 1998 wissenschaftliche Arbeiten von Studenten, Hochschullehrern und anderen Akademikern als eBook und gedrucktes Buch. Die Verlagswebsite www.grin.com ist die ideale Plattform zur Veröffentlichung von Hausarbeiten, Abschlussarbeiten, wissenschaftlichen Aufsätzen, Dissertationen und Fachbüchern.

Besuchen Sie uns im Internet:

http://www.grin.com/

http://www.facebook.com/grincom

http://www.twitter.com/grin_com

Christian-Albrechts-Universität zu Kiel
Philosophische Fakultät
Nordisches Institut, Skandinavistik
Proseminar: Eddische Dichtung
WS 2010/2011

Weissagungen des Altnordischen

Die *völva* und ihre Bedeutung in der *Völuspá*

Marina Schauer
Islamwissenschaft und Skandinavistik
4. Semester

Abgabe: 11. August 2011

Inhaltsverzeichnis

1   Einleitung

Weissagungen sind schon seit jeher von besonderer Bedeutung für die Menschheit, denn ein jeder strebt danach, der Zukunft kundig sein zu können. Im Grunde haben sich die Motivationen, aus denen heraus Prophezeiungen gewünscht werden, im Gegensatz zu früher kaum geändert. Auch heute will der Bauer wissen, wie das Wetter wird, um den Zeitpunkt der Ernte exakt bestimmen zu können, Börsenspekulanten wüssten gern, zu genau welchem Zeitpunkt sie Aktien an- oder verkaufen müssen, um den größtmöglichen Profit zu machen und fast jeder wüsste gern sein persönliches Schicksal.

Früher, im Altnordischen, gab es neben einigen anderen zukunftskundigen Figuren die *völva*, eine Seherin, die der Zukunft kundig war und auf Verlangen zutreffende Prophezeiungen aussprechen konnte. Heute wissen wir über die *völva* nur noch sehr wenig, da das Gebiet der Weissagungen im Altnordischen nur wenig erforscht ist und die einzigen Quellen darüber einige Sagas und eddische Gedichte sind.

In der vorliegenden Arbeit werde ich zunächst kurz auf die Techniken der Weissagung eingehen, dann die *völva* als zukunftskundige Figur der altnordischen Zeit vorstellen und mich im weiteren Verlauf möglichst detailliert der Funktion der *völva* in dem eddischen Gedicht *Völuspá* widmen.

Im letzten Teil werde ich die *völva* der *Völuspá* mit den *völur* oder anderen zukunftskundigen Figuren anderer eddischer Gedichte vergleichen.

Diese Arbeit stützt sich auf den Originaltext der *Völuspá* nach Neckel / Kuhn sowie auf die deutsche Fassung der *Völuspá* nach Arnulf Krause aus dem Reclam Verlag, daneben habe ich hauptsächlich in Simone Horsts *Merlin und die völva*, in Ursula Dronkes Kommentar *The Poetic Edda* sowie in Judy Quinns *Dialogue with a vǫlva: Vǫluspá, Baldrs draumar and Hyndluljóð* nachgeschlagen.

2 Forschungsstand und Terminologie

Das Thema *Weissagungen des Altnordischen* gehört noch zu den nicht sonderlich gründlich erforschten Themen der altnordischen Literatur. Eine erste bekannte Veröffentlichung stammt von Hugo Gering, der seine Antrittsrede als Rektor an der Uni Kiel über das Thema *Weissagung und Zauber im nordischen Altertum* im Jahr 1902 hielt. Im Mittelpunkt seiner Arbeit standen Toten- und Orakelbefragungen, die als Mittel der Vorhersage genutzt wurden.[1] Auch Bernadine McCreesh und Judy Quinn haben sich mit dem Thema näher befasst. Beide untersuchen in ihren Arbeiten relativ detailliert die Figur der *völva*.[2]

Viele Begriffe der altnordischen Mythologie stehen mit dem Wort *spá* in Verbindung. Dieses Substantiv, oft in Komposita gebraucht, bedeutet „Weissagung, Prophezeiung"[3], so bedeutet *Völuspá* „Die Weissagung der Seherin". Mit dem Wort *spá* werden zudem zukunftskundige Personen bezeichnet: Eine Wahrsagerin oder Seherin ist eine *spákona*. Der Ausdruck *völva* wird parallel zu diesen Begriffen genutzt.[4] Seltener ist der Begriff *spámaðr* („Seher"). Auch Adjektive wie *forspár* (zukunftskundig) oder *spár* (prophezeiend) leiten sich von *spá* ab.

3 Techniken der Weissagung

3.1 *Seiðr* und *útiseta*

Der Begriff *Seiðr* findet zwar in vielen Sagas Verwendung, ist jedoch schwierig zu definieren. In der *Eiríks saga rauða*, der *Örvar Odds saga* und dem *Orms þáttr* wird *seiðr* als Zauberei in Verbindung mit einer Weissagung beschrieben. Die *völva* führt über Nacht einen Zauber aus, durch dessen Wirkung sie am kommenden Tag in der Lage ist, eine Vorhersage zu treffen.[5] Daraus lässt sich eine vage Definition des *seiðr* ableiten: *Seiðr* bezeichnet eine Technik, mit deren Hilfe Wissen über die Zukunft erlangt oder die Ausgangssituation für künftige Ereignisse geändert werden kann.[6] In seinem Aufsatz *Sejd. Textstudier I nordisk Religionshistorier* unterscheidet Dag Strömbäck weißen von schwarzem *seiðr*; weißer *seiðr* bedeutet Zukunftsbefragung durch eine *völva*, wohingegen schwarzer *seiðr* die Zukunft aktiv beeinflusst.[7]

---

[1] Horst 2010, S. 5.
[2] Horst 2010, S. 6.
[3] Horst 2010, S. 10.
[4] Horst 2010, S. 13.
[5] Horst 2010, S. 61.
[6] Horst 2010, S. 62.
[7] Horst 2010, S. 62.

Seiðr wird meist vor Publikum ausgeführt, dauert einige Zeit und die Zukunftskundige nutzt einen Stab (*seiðstafr*), dessen Funktion weitestgehend unbekannt ist.

Beim *útiseta* sitzt der Ausführende nachts draußen und tritt mit Geistern in Kontakt. Es wird unterschieden zwischen der aktiven (Beschwörung) und der passiven Form (Beobachtung).[8]

Laut norwegischer Gesetzestexte und der isländischen *Hákonarbók* stehen die Ausführung von Zauber und Zukunftsschau sowie das Anhören solcher unter Strafe.[9]

3.2 Traumdeutungen, Visionen und andere Weissagungstechniken

Traumdeutungen und Visionen sind häufige Weissagungsformen der Sagaliteratur.[10] Die Deutung wird von einem erfahrenen Traumdeuter, der die Gabe von Geburt an besitzt, ausgeführt. Beide Techniken sind sehr ähnlich und die Voraussetzung für den Glauben an die Erfüllung ist, dass das Schicksal als vorherbestimmt und unveränderbar angesehen wird.

Weiterhin kann anhand von Losen, die von weisen Männern geworfen werden, die Zukunft vorhergesehen werden.[11] In einigen Sagas wird dazu ein menschliches Opfer verlangt. Auch durch Tiere[12], Naturphänomene oder Runenritzungen[13] wird die Zukunft vorhergesehen.

4 Die *völva* als zukunftskundige Figur

Die *völva* ist die bekannteste zukunftskundige Figur im Altnordischen.[14] Zur Wortherkunft gibt es mehrere Theorien, die wahrscheinlichsten sind folgende: Entweder entstammt der Begriff dem altnordischen Ausdruck *völr*, der „runder Stab" bedeutet; dieser ist der wichtigste Ausrüstungsgegenstand der Seherin.[15] Oder es kommt von der indogermanischen Wurzel **u̯olo/*u̯el*, was „kreisförmige Bewegung" bzw. „schützender/abgeschlossener Ort" bedeutet; die *völva* wäre somit die Versteckte, was aufgrund ihrer zurückgezogenen Art zu leben logisch zu sein scheint.[16]

Die Identität der *völva* ist nicht geklärt: Sie erzählt, dass sie von Riesen aufgezogen worden ist, gibt jedoch weder einen Hinweis auf ihre Identität (ist sie Riesin, Mensch oder doch etwas anderes?) noch auf ihr Alter bzw. ihre Erscheinung (lebt sie noch oder ist sie von den Toten geweckt worden?).[17] Judy Quinn schreibt in einem ihrer Essays, dass die *völva* bereits tot,

---

[8] Horst 2010, S. 66.
[9] Horst 2010, S. 67.
[10] Horst 2010, S. 78.
[11] Horst 2010, S. 92.
[12] Horst 2010, S. 97.
[13] Horst 2010, S. 101f.
[14] Horst 2010, S. 30.
[15] Horst 2010, S. 30.
[16] Horst 2010, S. 31.
[17] Dronke 1997, S. 31.

aber noch ansprechbar ist.[18] Damit sind *völur* praktisch unsterblich.[19] Preben M. Sørensen stützt die These, indem er sagt, dass die *völva* älter ist als alles andere, sie ist zeitlos und gehört damit zur mythischen Welt, ist also praktisch aus einer anderen Welt.[20]

In der *Eiríks saga rauða* tritt die *spákona Þorbjörg* auf, die ihre Weissagung erst nach einem guten Essen und Schlaf ausführt, begleitend werden Gesänge von einer liederkundigen Frau gesungen.[21] In der *Örvar Odds saga* zaubert Heiðr nachts, sodass sie am nächsten Morgen vorhersagen kann. Im *Orms þáttr* trifft die *völva* ihre Weissagungen direkt nach einem gemeinsamen Essen. In diesen Sagas werden die *völur* neutral bis positiv beschrieben, da die Protagonisten positive Antworten bekamen; ansonsten sind *völur* oft negativ behaftet, „diesen Wesen solle man nicht trauen" (*Hávamál*).[22]

Das Motiv der *völva* ist, bis auf wenige Ausnahmen, schlicht Profit. Dafür liefert sie Qualität: Ihre Weissagungen sind verbindlich, sie werden immer zutreffen, ein Ausweichen ist nicht möglich. Auch ein Anschwindeln der *völva* ist niemandem möglich.[23] Ist die Vorhersage einmal getroffen, kann die *völva* sie auch nicht mehr verschweigen, sie muss sie den „Kunden" mitteilen.[24] Sobald sie das Schicksal eines Menschen kennt, ist es ihr nicht möglich, dieses der betreffenden Person zu verschweigen.[25]

Die mythische *völva* ist den irdischen *völur* der Sagas sehr ähnlich, wobei sich auch eine gewisse Nähe zu den Riesinnen zeigt, wie zum Beispiel bei der *völva* der *Völuspá* und der in *Baldrs draumar*. Auch scheinen sie zwar eng mit Zauberern verbunden zu sein, werden aber dennoch weniger mit Zauberei in Verbindung gebracht.[26]

Neben zukunftskundigen Frauen gibt es weissagende Männer, Sterbende und Tote. Allerdings gibt es nur wenige Textstellen mit diesen Figuren, ihre Fähigkeiten der Vorhersage sind oft stark begrenzt und vor allem galten weissagende Männer als unmännlich, da sie das Handwerk, das traditionell den Frauen vorbehalten war, ausübten.[27] Daher können diese Seher hier vernachlässigt werden.

4.1 Exkurs: Die drei *völur* nach Dronke

Ursula Dronke weist in ihrem Kommentar *The Poetic Edda, Vol. II, Mythological Poems* darauf hin, dass es in der Völuspá drei verschiedene *völur* statt nur einer gibt. So ist die erste

---

[18] Quinn, 2002, S. 257.
[19] Quinn, 2002, S. 261.
[20] Meulengracht 2001, S. 35.
[21] Horst 2010, S. 32.
[22] Horst 2010, S. 34.
[23] Johansson 1992, S. 100.
[24] Horst 2010, S. 36ff.
[25] Horst 2010, S. 41.
[26] Horst 2010, S. 43ff.
[27] Meulengracht 2001, S. 35.

völva, „ich", von der zweiten, „sie" und diese beiden wiederum von der dritten, ebenfalls „sie", zu unterscheiden.

Die erste *völva* ist die Erzählerin des Gedichtes, eine von Riesen aufgezogene Frau, die ihre Abstammung nicht weiter spezifiziert. Sie ist die hohe Autorität, die Vermittlerin zwischen Göttern und Menschen und spricht im Hier und Jetzt.

Die zweite *völva* symbolisiert die Gedanken, Erinnerungen, Taten und Visionen der Vergangenheit, Gegenwart und Zukunft der ersten *völva*. Diese *völva* lebt bei den Göttern und wurde von diesen um Rat gefragt. Außer in diesem Einzelfall tritt sie nicht in Kontakt mit Menschen, wobei sie dies in der *Völuspá* auch nur indirekt, nämlich durch die erste *völva* tut.

Die dritte *völva* ist eine narrative Figur, die das frühere „ich" der ersten *völva* widerspiegelt. Sie repräsentiert eine heilige Frau, die von Hof zu Hof pilgert, von ihren Vorhersagen lebt und ihre Weisheit nicht von den Göttern, sondern von dem Geist, von dem sie besessen ist, hat. Aus diesem Grund ist ihr Benehmen moralisch fragwürdig.[28]

5   Die *Völuspá*

5.1   Über das Gedicht

Das eddische Gedicht *Völuspá*, eine imposante poetische Schöpfung in 66 Strophen, ist ein mythisches Gedicht, das beim Leser gute Kenntnisse der Mythologie voraussetzt.[29] Der Inhalt wird chronologisch vom Beginn der Welt bis zu ihrem Untergang/Neubeginn widergegeben.[30] Einige Forscher ordnen die *Völuspá* zusammen mit *Baldrs draumar* und dem *Hyndluljóð* als eine spezielle Unterklasse der eddischen Gedichte ein, da alle drei Gedichte von einer Frau, die von einem der Götter besucht und „interviewt" wird, gesprochen werden.

In dem Gedicht werden einige Strophen oder Verse wiederholt, so sind zum Beispiel die Strophen 44, 49, 54 und 58 jeweils komplett gleich. Wie auch in der Skaldendichtung werden in der Edda Kenningar (zum Beispiel in Strophe 60: „Erdgürtel" (gemeint ist die Midgardschlange)) genutzt, wobei diese in den eddischen Gedichten weniger komplex sind.[31]

In der Forschung zu Unklarheiten führt die Frage, ob die *Völuspá* noch ein Ausdruck des heidnischen Denkens ist oder aber schon deutliche Spuren des Christentums in sich trägt. Sicher werden beide Glaubenssysteme ihren Einfluss auf das Gedicht gehabt haben; als deutliches christliches Element gilt die Halbstrophe 65, in der die *völva* vom „Starken von oben, der alles lenkt" berichtet. Dies würde auch auf eine Entstehung nach 1000 n. Chr.

---

[28] Dronke 1997, S. 99ff.
[29] Uecker 2004, S. 201.
[30] Dronke 1997, S. 101.
[31] Uecker 2004, S. 201.

hinweisen. Die *Völuspá* kann am ehesten als ein Produkt synkretistischen Ursprungs angesehen werden, der eigentlich heidnische Verfasser stand unter dem Einfluss des vordringenden Christentums.[32] So umstritten wie der Ort der Entstehung ist, neben dem wahrscheinlichsten Entstehungsort Island scheinen Norwegen und sogar Nordengland denkbar,[33] ist auch die Frage, welche der Strophen tatsächlich Schöpfung des anonymen Dichters waren und welche später hinzugedichtet worden sind.[34] Da die Originalform des Gedichtes jedoch nicht zufriedenstellend rekonstruiert werden kann, können die zahlreichen bestehenden Textvarianten auch als wesentlicher Charakter des Gedichtes angesehen werden.[35]

5.2 Inhalt

Die *Völuspá* steht am Anfang des *Codex Regius* und muss daher eine besondere Stellung einnehmen. Tatsächlich ist es eines der wichtigsten und bekanntesten Visionsgedichte.

In ihrem langen Visionsmonolog berichtet die *völva Odin* von der Weltentstehung, die mit dem Urriesen *Ymir* begann, der im absoluten Nichts lebte („Schlund der Urleere", Strophe 3).[36] Als die Götter auf die Erde kamen, erschufen sie alles, brachten Ordnung in die Welt und hauchten *Ask* und *Embla* Leben ein.[37] Währenddessen leben die Nornen am Weltenbaum *Yggdrasill* und sind für das Schicksal und die Länge des Lebens der Menschen zuständig. Dieses bestimmen sie durch das Spinnen ihrer Schicksalsfäden. Doch schon bald kommen Krieg und Unheil über die Menschen (Strophe 45) und die Götter (die Wanen und die Asen bekriegen sich) und der Fall *Odins*, der Mord an *Baldr* und der Untergang der anderen Götter wird mit dem Schicksal der Götter, dem *ragnarök*, besiegelt. Die Erde versinkt im Meer.[38] Doch schon bald wird sie wieder heraufkommen, sich erneut begrünen und ein neuerliches Treffen der Götter wird stattfinden (Strophe 62).[39] Laut Dronke ist diese neue Erde nur für die Gesegneten, es ist ein strahlendes Reich, frei von Sorgen und ohne Jahreszeiten, ohne Tag und Nacht, es ist ein einziges „great daylight".[40]

---

[32] Krause 2004, S. 13.
[33] Uecker 2004, S. 202.
[34] Krause 2004, S. 12f.
[35] Quinn 2000, S. 88.
[36] Uecker 2004, S. 198.
[37] Uecker 2004, S. 199.
[38] Uecker 2004, S. 199.
[39] Uecker 2004, S. 200.
[40] Dronke 1997, S. 103.

6 Die *völva* in der *Völuspá*

6.1 Techniken und Arbeitsweise der *völva*

Der große Visionsmonolog der *völva* lässt sich grob in zwei Teile gliedern. Der erste Teil ist keine Weissagung sondern vielmehr eine Erinnerung der *völva* selbst. Dies ist deutlich an dem letzten Vers der ersten Strophe zu erkennen: „forn spioll fira, þau er fremst um man" zu Deutsch: „ält'ste Kunde der Wesen, derer ich mich erinnre." In den folgenden Versen teilt die *völva Odin* und den Menschen, ihrem Publikum, ihr ganzes Wissen über die Entstehung der Welt (Strophe vier), den Lebensbeginn der Menschen (Strophe 17) und den Beginn der Schicksalsknüpfung durch die Nornen (Strophe 20) mit. Auch weiß sie, wann und wie es zum Kampf (Strophe 24) und der Zwietracht unter einigen Göttern (Strophe 31 bis 33) kommt.

In Strophe 28 wird vage die Technik des *útiseta* erwähnt, die die *völva* anwandte, bevor *Odin* sie aufsuchte um die vergangene und kommende Entwicklung der Welt zu erfahren.[41]

Mit Strophe 43 endet die Erinnerung, in Strophe 44 beginnt die Vorhersage („fram sé ec lengra" / „weiter seh ich voraus"). Hier sieht die *völva* den bevorstehenden Weltuntergang, der aus dem Kampf der Menschen untereinander (Strophe 45) und dem Kampf der Götter gegen böse Wesen wie dem *Fenriswolf* (Strophe 55) und der *Midgardschlange* (Strophe 56) resultiert, hervor. In Strophe 57 geht die Welt dann unter, taucht jedoch in Strophe 59 wieder auf, begrünt sich erneut und die Götter treffen sich wieder. Alles scheint gut zu werden (Strophe 62: „aller Schaden wird sich bessern"; Strophe 64: „und für immer die Freude genießen"; Strophe 66: „Dort kommt der dunkle Drache geflogen […] nun wird er versinken.").

Das Wissen der *völva* in der *Völuspá* beruht aufgrund ihres Alters auf Erfahrung und wird von ihr durch Erinnern und Sehen ausgedrückt, wohingegen das Wissen der Riesen einfach auf Intelligenz beruht.[42] Dieser Punkt weist darauf hin, dass die *völva* nicht von Riesen abstammt. Die *völva* der *Völuspá* reist nicht, der Suchende reist zu ihr, um eine Vorhersage zu erhalten.[43] Dabei sind die Äußerungen einer *völva* immer mysteriös und oft sogar doppeldeutig.[44]

Auch testet eine *völva* ihr Wissen niemals. Sie nennt *Odin* einen „Tester" oder „Prüfer" („freista", „hvers fregnit mic", *Völuspá* 28:5), da er prüft, ob sie geeignet ist, das Wissen der Götter und darüber hinaus ihre Visionen an die Menschen (letzteres auch an die Götter) weiterzugeben, doch ihr Wissen ist allzeit abrufbar.[45] Die *völva* weiß mehr als *Odin* selbst.[46]

---

[41] Quinn 2002, S. 255.
[42] Quinn, 2002, S. 251.
[43] Quinn 2002, S. 256.
[44] Johansson 1992, S. 99.
[45] Quinn 2002, S. 256; 261.

6.2   Die Bedeutung und Funktion der *völva*

Die Funktion der *völva* in der *Völuspá* ist leider nur schwer ersichtlich, da das Gedicht statt in Dialog- oder fremder Erzählform aus einem einzigen Monolog besteht. So gibt es kaum Hinweise auf Weissagungstechnik, Kenntnisstand oder ähnliches. Die *völva* ist demnach vorerst zwar die Gesprächspartnerin *Odins*, doch kommt er selbst lediglich wenige Male vor, in denen er „Wisst ihr nun noch etwas?" (z.B. Strophe 27) fragt. Mit eben dieser Frage beschreibt *Odin* indirekt auch das enorme Ausmaß des Wissens, das die *völva* in sich trägt. In den Strophen eins bis 43 nimmt sie folglich die Funktion der Erzählerin, die von der Vergangenheit, von allem, was sie weiß und erlebt hat, berichtet, ein, die ab Strophe 44 in die Funktion der Weissagenden, die den Menschen und Göttern das Schicksal der Welt mitteilt, übergeht. Wie bereits erwähnt, erfährt der Leser wenig über die Art der Anrufung durch *Odin* und über die Art der Weissagung (ist ein Zauber vorangegangen?). Lediglich die Strophe 22 gibt (wenig) Aufschluss: Hieraus leitet sich der Name der *völva* ab, *Heiðr*. Aus Strophe 29 lässt sich zudem herauslesen, dass *Odin* die *völva* für ihre Dienste mit Schmuck bezahlt.[47] Daraus lässt sich erkennen, dass die Prophezeiung der *völva* für *Odin* sehr wichtig ist.[48]

Durch ihre hellseherischen und magischen Fähigkeiten ist die *völva* in der Lage, sich an die älteste Zeit, die Entstehung der Welt, zu erinnern, indem sie sich an ihre früheren Leben bis zurück zu ihrem ersten, in dem sie von den Riesen aufgezogen wurde, erinnert.

Angesichts der Annahme, dass *Odin* selbst zauber- und zukunftskundig ist, ist es fraglich, warum er überhaupt eine weitere, zukunftskundige Person zu Rate zieht und sich von ihr das Schicksal der Menschen, Götter und der Welt selbst voraussagen lässt. Gründe hierfür könnten eine Verifizierung oder eine Falsifizierung seiner eigenen Kenntnisse sein. Auch könnte dieser Umstand auf die Offenbarung des göttlichen Wissens an die Menschen gedeutet werden, denn *Odin* kann sich den Menschen nicht mitteilen. Daher sucht er eine geeignete *völva*, die sich den Menschen mit korrektem Wissen mitteilen kann (Strophe 28 „Was fragt ihr mich, warum prüft ihr mich?").

In der *Völuspá* gilt die *völva* keineswegs als böse Zauberin, sondern als vertrauenswürdige Hilfe *Odins*. Dies liegt daran, dass sie neutral die Zukunft vorhersagt, wahrscheinlich ohne zu zaubern (daher heißt sie *völva*: „Stabträgerin"[49] und nicht *seiðkona*: „Zauberin").

Die *völva* war jedoch nicht allein bei ihrem Gespräch mit *Odin*. Höchstwahrscheinlich hat die *völva* diesen Visionsmonolog vor einem Publikum (auf einem Þing?) vorgetragen. Dass sie

---

[46] Meulengracht 2001, S. 35.
[47] Quinn 2000, S. 82.
[48] Quinn 2002, S. 257.
[49] Gering 1927, S. 28.

Zuhörer aller sozialer Schichten hatte, unterstreicht ihre enorme Bedeutung, da sie ihr Wissen nicht nur den Göttern, sondern allen Menschen mitteilt.[50]

7   Vergleich mit anderen eddischen Gedichten

Im Folgenden werden knapp die Weissagenden, die genutzten Techniken und der Inhalt der Prophezeiung bzw. der Nutzen des ausgeführten Zaubers mit den äquivalenten Informationen der *Völuspá* verglichen. Hier trifft eine *völva* (*Heiðr*) die Weissagung, es wird kein Zauber ausgeführt und Zweck der Weissagung ist die Verkündung ihres Wissens an die Menschen.

7.1 *Baldrs draumar*

In *Baldrs draumar* ist die Weissagende eine *völva*, die in den Strophen 4, 8, 10 und 12 deutlich als eine solche erwähnt wird. In diesem Gedicht ist sie allerdings tot; aufgrund der Grablage muss es sich um eine Riesin handeln.[51] Sie wird von *Odin* mit einem *valgaldr* (Totenzauber) erweckt und zur Beantwortung seiner Fragen gezwungen. *Odin* will von ihr *Baldrs* Schicksal, seinen Mörder und seinen Rächer erfahren.[52]

Die *völva* in *Baldrs draumar* weist einige wenige Ähnlichkeiten zur *Völuspá völva* auf, wie zum Beispiel die Beziehung zu den Riesen und dass beide von *Odin* aufgesucht werden, der seine Fragen beantwortet haben möchte. Unterschiede sind, dass *Odin* die *völva* in *Baldrs draumar* völlig unter Kontrolle hat (in der *Völuspá* hingegen wird die *völva* als ebenbürtig betrachtet und sogar für ihre Dienste entlohnt) und dass diese bereits tot ist.

7.2 *Hyndluljóð*

Die Weissagende der *Hyndluljóð* ist eine Riesin namens *Hyndla*. *Freyja* hat sie aufgeweckt, um von ihr Auskunft über die Ahnenreihe *Óttars* zu bekommen, der das Wissen für den Sieg in einer Wette braucht. *Hyndla* ist unwillig zu sprechen, tut dies jedoch trotzdem, weil *Freyja* sie nicht in Ruhe lässt, sie praktisch zum Reden zwingt.

Auch hier handelt es sich um eine *völva*, diesmal definitiv um eine Riesin.

7.3 Grípisspá

In der *Grípisspá* tritt *Grípir* als männlicher Weissagender auf. Allerdings zeigt sich bei ihm, dass er wahrscheinlich nur einen eingeschränkten Blick in die Zukunft hat.[53] Er braucht kein Ritual, um die Zukunft erkennen zu können, er scheint allwissend zu sein. Im Gedicht wird er

---

[50] Quinn 2002, 269.
[51] Horst 2010, S. 263.
[52] Horst 2010, S. 256f.
[53] Horst 2010, S. 329.

zudem als weise und zukunftskundig beschrieben.[54] Seine Weissagung trifft er in Bezug auf seinen Neffen *Sigurðr*, *Grípir* teilt diesem seine Zukunft von „jetzt" bis zu seinem Tode mit. Die *Grípisspá* ist eines der wenigen eddischen Gedichte, in dem eine männliche weissagende Figur auftritt. Anders als die *völur* brauchen männliche Weissagende keine Hilfsmittel, um die Zukunft erkennen zu können. Ihre Bezeichnung als „weise" reicht zur Legitimation vollkommen aus.

8 Fazit

Die *völva* ist die bekannteste weissagende Figur im Altnordischen. Geht es um die Befragung der Zukunft, wird in der Regel eine *völva* mit der Aufgabe betraut, diese vorherzusagen. Ihre Funktion in den eddischen Gedichten ist die Verkündung der Zukunft an zumeist Unwissende wie Menschen und Götter. Speziell in der *Völuspá* tritt sie als Vermittlerin zwischen den Göttern und den Menschen auf; Odin verlangt von ihr, ihr Wissen an die Menschen weiterzugeben, da er selbst sich ihnen nicht mitteilen kann. Sie ist die Überbringerin der Informationen über die Vergangenheit, Gegenwart und Zukunft der Welt.

In erster Linie verdient die *völva* auf diesem Wege ihren Lebensunterhalt, sie macht ihre Gabe zu ihrem Beruf.

Ihr Auftritt in den eddischen Gedichten ist im Gegensatz zu den Sagas relativ lang, oft ist sie die oder eine der Hauptfigur(en) (*Völuspá*, *Hyndluljóð*).

Die *völva* der eddischen Dichtung wird selten negativ dargestellt, in der Regel ist sie eine geschätzte Frau; in den Sagas hingegen werden *völur* oft negativ dargestellt, man solle diesen Wesen nicht trauen, wird in den *Hávamál* gesagt. Dies mag jedoch größtenteils daran liegen, dass *völur*, die Zauber ausführen, negativ betrachtet werden, zukunftskundige, nicht zaubernde *völur* werden hingegen durchaus positiv, zumindest aber neutral bewertet.

Diese Arbeit ist leider nur ein kurzer Abriss über die Funktion der *völva* und ihre Bedeutung in der *Völuspá*. Für weitergehende Untersuchungen der Figur der *völva* ist an dieser Stelle leider kein Platz mehr, gern hätte ich mich aber noch näher mit der Datierung, dem Entstehungsort und dem Verfasser der *Völuspá* auseinandergesetzt, um möglicherweise auch darüber noch an nähere Informationen bezüglich der *völva* zu gelangen.

---

[54] Horst 2010, S. 328.

9 Literaturverzeichnis

Originaltext:

Neckel / Kuhn: Edda: Die Lieder des Codex Regius nebst verwandten Denkmälern, 5. verb. Auflage, Winter, Heidelberg 1983

Buchquellen:

Dronke, Ursula: The Poetic Edda, Vol. II, Mythological Poems, Clarendon Press, Oxford 1997, S. 30-33; 93-104.

Gering, Hugo/Sijmons, Barend: Kommentar zu den Liedern der Edda, Bd. 3, Teil 1, Buchhandlung des Waisenhauses, Halle 1927.

Horst, Simone: Merlin und die *völva*. Weissagungen im Altnordischen, Herbert Utz Verlag, München 2010.

Johansson, Jens (Übers.): Völuspá. The prophecy of the völva, Coxland Press, Berkshire 1992.

Krause, Arnulf: Die Götter- und Heldenlieder der älteren Edda, Reclam, Stuttgart 2004, S. 11-31.

Meulengracht Sørensen, Preben/Steinsland, Gro: Vølvens Spådom, Høst & Søn, København 2001.

Uecker, Heiko: Geschichte der altnordischen Literatur, Reclam, Stuttgart 2004, S. 191-233.

Aufsätze:

Lavender, Philip: Merlin and the Vǫlva, in: Viking and medieval Scandinavia, Bd. 2 (2006), Brepols 2005, S. 111-140.

Quinn, Judy: Dialogue with a vǫlva: Vǫluspá, Baldrs draumar and Hyndluljóð, in: Acker, Paul/Larrington, Carolyne: The Poetic Edda. Essays on Old Norse Mythology, Routledge, New York & London 2002, S. 248-269.

Quinn, Judy: Editing the Edda – the case of Vǫluspá, in: Scripta Islandica, Bd. 51 (2000), S. 69-92.

Hintergrundlektüre:

Kummer, Bernhard Prof. Dr.: Die Lieder des Codex Regius (Edda) und verwandte Denkmäler, Band 1: Völuspá. Die Schau der Seherin, Verlag der Forschungsfragen unserer Zeit, Gisela Lienau, Zeven 1961.

Lombnæs, Andreas G.: De siste ting og de første. Voluspá og litteratur(vitenskap)ens grenser, in: Gran, Gerhard/Bull, Francis: Nordisk tidsskrift for litteraturforskning. Skandinavian Journal of Literary Research, Universitetsforlaget AS, 2001, S. 129-142.

Nordal, Sigurður: The Author of Völuspá, in: Saga-Book of the Viking Society, Vol. XX, University College London, 1978-1981, S. 114-130.

Scudder, Bernard (Übers.): Völuspá – The prophecy, Gudrun 2001